청소년 공동체 바로 세우기

Teen G3 3, 4단계(양육+리더) 시리즈 ❷ [학생용 교재]

난 내 교회 리더가 될거야~!

초판 1쇄 발행 | 2016. 3. 20
초판 1쇄 인쇄 | 2016. 3. 20
지은이 | 정신일
연구위원 | 천준호 목사(수원화평교회)
송지헌 목사(함께하는교회)
석인욱 목사(남양주우리교회)
펴낸 이 | 정신일
펴낸 곳 | 크리스천리더
편 집 | 성주희
교 정 | 이지선
일부 총판 | 생명의 말씀사 (02) 3159-7979
등 록 | 제 2-2727호(1999. 9.30)
주 소 | 부천시 원미구 중동 1289번지 팰리스카운티 아이파크상가 3층
전 화 | (032) 342-1979
팩 스 | (032) 343-3567
도서 출간 상담 | E-mail:chmbit@hanmail.net
Homepage | cjesus.co.kr/juwana.co.kr

ISBN : 978-89-6594-182-8 04230
ISBN : 978-89-6594-123-1 (세트)

정가 : 2,800원

Teen G3 3, 4단계(양육+리더) 시리즈 2

The Great God's Grace

Teen G3 1, 2단계(복음+전도) 시리즈 1

The Great God's Grace

청소년공동체 바로세우기

난 내 교회 리더가 될꺼야! Start!

학생용 교재

정신일 목사

크리스천리더

[추천사]

현재 이 시대에 가장 시급한 과제가 있다면 다음 세대(next generation)에게 하나님의 말씀을 심는 일입니다. 무엇보다 성경에 기초한 기독교 교리를 청소년 시기에 심는 일은 매우 중요한 과제입니다. 누구나 알고 있는 이 분명한 방향 앞에 말씀을 체계적으로 그리고 쉽고 재미있게 심어주는 일은 결코 쉽지 않습니다.
그런 의미에서 성경을 바탕으로 기독교 교리를 쉽게 가르칠 수 있도록 계발한 이 책은 매우 유용할 것으로 확신합니다.
또한 현장에서 섬기는 청소년 사역자들의 생생한 가르침이 녹아들어 청소년들을 세워 나가는 일에 큰 도움이 될 것입니다. 지금 바로 사역의 현장에서 활용할 수 있는 이 책을 모든 청소년 사역자들과 교회학교 중고등부 교사들에게 기꺼이 추천합니다.

– 황성건 목사 (사/청소년선교횃불 대표, 제자로교회 담임, 국제코스타 강사)

[저자서문]

몇년전 수능이 끝난 그 다음 주에 고3 아이들 상당수가 예배에 나오질 않았습니다. 저는 아이들이 공부에 따른 후유증과 피곤이 겹쳐서 그런가보다 생각했는데, 나중에 알고 보니 그 주에 친구가 다니는 교회에 다들 몰려 갔다는 사실을 알게 되었습니다.
이들이 친구 교회로 간 이유가 가관이었습니다. 친구교회에서 고3 수험생을 위한 행사가 있었는데 그 교회 예배에 참석만 하면 VIPS 시식권을 준다고 했다는 겁니다. 그리고 고3 아이들은 소리소문 없이 저희교회를 떠났습니다.
그 일이 있은 후 저는 많은 생각을 하게 되었습니다. 교회가 이래서 되겠는가?
그때 목회자로 아픈 기억을 더듬으면서 앞으로는 내 교회를 사랑하고 내 교회에 대한 소속감을 갖고 신앙생활을 하는 학생들로 철저히 교육해야겠다는 생각을 하게 되었습니다. 그래서 이번 교재는 특별히 내 교회 아이들로 세운다는 분명한 목적의식을 가지고 집필하였습니다.
이 교재가 지향하는 것은 지식교육이 아닙니다. 하나님을 향한 믿음과 사상으로 무장시키는 교육입니다. 절대로 논리적이고 과학적이며 합리적인 판단을 요구하는 가르침이 아닙니다. 습관을 위한 교육이며 '왜?', '어떻게?' 에 대한 답을 제시하려 나름대로 몸부림친 결과입니다. '왜 예수를 믿어야 하는가?', '예수 믿는 자로 어떻게 살아야하는가?' 에 대한 답을 찾는 과정입니다.

G3 시스템은 제 목회의 종합적인 커리큘럼이기도 합니다.
G3는 (The Great God's Grace)의 약자로 "위대한 하나님의 은혜"라는 뜻인데 모든 배움의 모토가 오직 하나님의 은혜 안에 있음을 고백합니다.

이 교재는 Teen G3 3, 4단계(양육+리더)로 Teen G3 0단계 1~4권을 마치고, 1, 2단계(복음+전도)를 마치고 난 이후에 사용하는 교재입니다. 하지만 이 교재를 먼저 선택해도 큰 무리는 없습니다. Teen G3 3, 4단계(양육+리더)는 **오직 예수, 오직 복음, 오직 하나님의 은혜**만 드러내고 싶은 의도가 담겨 있습니다.

이 땅의 모든 청소년들이 주님 품으로~ 저자 기쁨의 교회 정신일 목사

G3 3, 4단계(양육+리더) 청소년 성경공부의 특징

첫째, 이 교재는 내 교회에 대한 소속감을 갖고 교회를 더 사랑하며 리더로 바로 서도록 심혈을 기울인 교재이다.

G3 3, 4단계(양육+리더)는 '내가 다니는 교회에 리더' 가 되는데 촛점을 맞추었다. '내 교회' 라는 표현부터가 너무 이기적이지 않은가? 결코 그렇지않다. 세상에는 많은 교회가 있다. 어느 교회든지 손들고 다 오라고 환영한다.

청소년기에 다니는 교회가 있으면서도 환경따라, 친구따라, 이성에 끌려 교회를 이동하는 경우가 참 많다. 어느 교회라도 복음이 확실한 교회라면 옮겨서 다니는 것도 나쁠것은 없지않은가? 하지만 그렇게 떠난 아이들이 과연 옮긴 교회를 잘 다닐수 있을까? 아니다. 또다시 필요에 따라 옮길 확률은 매우 높아진다.

그렇다면 청소년들이 왜 다니는 교회를 떠나려 할까? 근본적인 이유는 내 교회라는 소속감이 없어서 그렇다. 내가 다니는 교회는 나를 위한 특별한 장소이다.

하나님께서 택해주신 믿음의 예배처소이자, 아름다운 교제의 장소이다. 소속감을 갖고 신앙생활 할수 있게 교육해야할 것이다. 그래야 청소년들이 사소한 일로 교회를 떠나는 일은 없을 것이다.

둘째, 이 교재는 주제가 분명하고 명료하다. 매 과마다 전혀 새로운 주제로 넘어가기 보다 간단하면서도 반복적인 것이 이 교재의 특징이다.

셋째, 모든 내용은 말씀의 근거로 기획되어있다.

신앙생활에 가장 중요한 것은 말씀의 근거이다. 이 교재는 어떤 질문과 답에 대하여 반드시 성경말씀을 근거로 하였고, 그 말씀의 구절을 기록하였다.

넷째, ["난 내 교회 리더가 될꺼야~" 내 교회의 리더가 되기 위한 조건]은 리더로 갖추어야 할 성품을 성경에서 찾아 정리하였다.

[**"난 내교회 리더가 될거야~!"** 내 교회의 리더가 되기 위한 조건]은 [마음열기], [말씀살피기] 다음에 오는 단원으로 성경적인 리더의 조건을 찾아 정리하였다. 하지만 이과는 단순히 성경공부로 흘러서는 안된다. 진정한 리더로 소양을 쌓는 교육이 되어야 할 것이다.

다섯째, 생각하고 토론하고 실천하는데 집중하였다.

성경은 늘 우리에게 실천의 문제를 던져주고 있다. 충분히 생각하고 묵상하고 이해 해야 한다. 또한 자연스러운 토론과 실천의 과정을 갖게하여 생활 속의 믿음으로 성장시키는데 초점을 맞추었다.

Teen G3 0단계 1~4권 [총 4권, 48주 1년 과정]
1권 **믿음생활 시작하기 Start!** (믿음의 기초 이해하기)
2권 **복음의 기초 다지기 Start!** (죄와 구원)
3권 **믿음의 습관 길들이기 Start!** (다양한 관계 속에서 믿음생활)
4권 **성경인물 따라하기 Start!** (믿음생활을 배우고 삶 속에 적용하는 과정)
Teen G3 1, 2단계 [복음+전도]
1권 **전도는 부끄러운 일이 아니야 Start!**(복음을 알고 복음을 전하자)
Teen G3 3, 4단계 [양육+리더](나는 내 교회 리더가 될꺼야~)
2권 **나는 내 교회 리더가 될거야 Start!**(복음을 알고 복음을 전하자)
- 제일 뒷면에 전체 커리큘럼을 참고하세요.

청소년 공동체 바로 세우기 Teen G3 3, 4단계 **성경공부 시리즈**

교재의 구성과 사용법

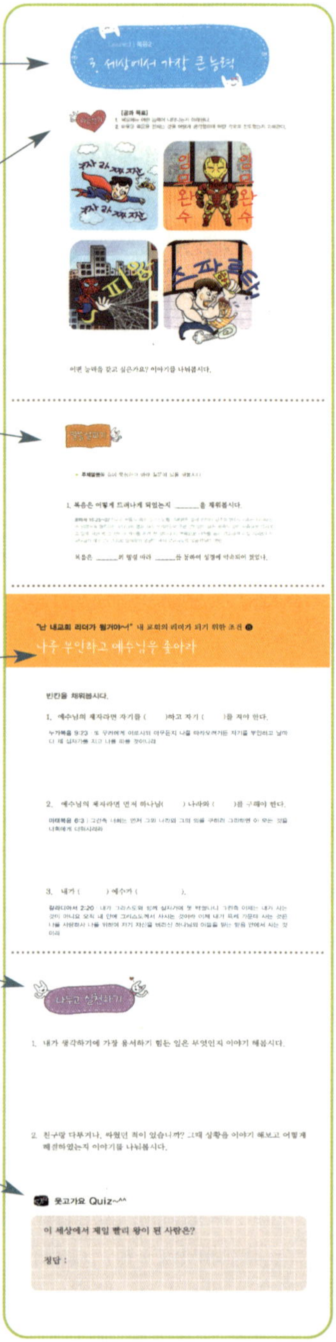

제목, 공과목표

매 과에 제목과 공과목표를 볼 수 있도록 기록하였다.

마음열기

매 과의 주제와 그에 맞는 삽화가 수록되어 있다. 생각해 볼 수 있는 간단한 질문을 통해 서로 이야기를 나누며 좋은 분위기를 만들어 본다. 한 두마디라도 서로의 생각을 나누는 것이 중요하다.

말씀살피기

매 과마다 주제 말씀이 기록되어 있고 말씀을 근거로 질문에 답을 하도록 구성하였다. 문제에 대한 답을 기록하지만, 정답을 맞추는 것이 중요한 게 아니라 그 문제가 의도한 바를 잘 이해하는 것이 중요하다. 성경이 말하는 생각의 틀을 바꾸는 것이 중요한 것이다.

난 내교회 리더가 될꺼야~

내교회 리더가 되기 위한 조건

성경적인 리더의 조건을 찾아 정리하였다. 진정한 리더로 소양을 쌓을수 있도록 배운다.

나누고 실천하기

한 과를 마무리하면서 이야기를 나누고 실천해야 할 사항들을 확인하고 서로 토론하는 부분이다.

웃고가요 Quiz~^^

가벼운 넌센스 퀴즈로 즐겁게 한과를 마무리하도록 기록하였다.

Contents

Lesson1 | 양육

1. 믿음으로 자라자

마음열기

[공과목표]
1. 우리는 예수님의 제자로서 훈련받고 양육받아야 함을 배운다.
2. 리더와 리더십의 뜻을 이해한다.

꽃씨가 아름다운 꽃을 피우는 과정과 우리의 믿음이 자라는 과정을 비교해보며 믿음의 자람은 어떻게 이루어지는지 이야기해봅시다.

말씀 살피기

★ **주제말씀**을 깊이 묵상하고 아래 질문에 답을 해봅시다.

주제 말씀 |
우리가 다 하나님의 아들을 믿는 것과 아는 일에 하나가 되어 온전한 사람을 이루어 그리스도의 장성한 분량이 충만한 데까지 이르리니 이는 우리가 이제부터 어린 아이가 되지 아니하여 사람의 속임수와 간사한 유혹에 빠져 온갖 교훈의 풍조에 밀려 요동하지 않게 하려 함이라 오직 사랑 안에서 참된 것을 하여 범사에 그에게까지 자랄지라 그는 머리니 곧 그리스도라 (에베소서 4:14~15)

1. 어떻게 해야 주 안에서 믿음이 자랄 수 있다고 했나요?(14절)

2. 우리의 믿음은 어디까지 자라나야 할까요? 아래 ___를 채워봅시다.

___________의 장성한 분량이 ____________한데까지 자라야 한다.

3. 믿음이 성장하기 위해 어떻게 양육받으라 말하고 있습니까?
아래의 성경구절을 참고하여 ___를 채워봅시다.

베드로후서 3:18 | 오직 우리 주 곧 구주 예수 그리스도의 은혜와 그를 아는 지식에서 자라가라 영광이 이제와 영원한 날까지 그에게 있을지어다

디모데전서 4:6~7 | 네가 이것으로 형제를 깨우치면 그리스도 예수의 좋은 일꾼이 되어 믿음의 말씀과 네가 따르는 좋은 교훈으로 양육을 받으리라 망령되고 허탄한 신화를 버리고 경건에 이르도록네 자신을 연단하라

믿음의 ________과 교훈으로 ________받고 경건에 이르도록 자신을

__________해야 한다.

리더(leader)란? 리더십(leadership)이란?

1. 인터넷을 통해 리더(leader)와 리더십(leadership)의 뜻을 검색해 보고 그 뜻을 기록해봅시다.

1) 리더(leader) :

2) 리더십(leadership) :

2. 교회에서 진정한 리더십(leadership)은 어디서 나오게 되나요?

1) 모든 리더십(leadership)의 동기는 하나님의 _______에서 나옵니다.

요한일서 2:5 | 누구든지 그의 말씀을 지키는 자는 하나님의 사랑이 참으로 그 속에서 온전하게 되었나니 이로써 우리가 그의 안에 있는 줄을 아노라

2) 참다운 리더십(leadership)은 _________에서부터 나오게 됩니다.

마가복음 10:45 | 인자가 온 것은 섬김을 받으려 함이 아니라 도리어 섬기려 하고 자기 목숨을 많은 사람의 대속물로 주려 함이니라

3) 리더십(leadership)의 최종 목표는 _________에 있습니다.

요한복음 3:17 | 하나님이 그 아들을 세상에 보내신 것은 세상을 심판하려 하심이 아니요 그로 말미암아 세상이 구원을 받게 하려 하심이라

나누고 실천하기

1. 나는 믿음이 잘 자라고 있습니까? 혹여 어린아이와 같지는 않습니까? 자신의 신앙상태를 서로 나눠봅시다.

2. 내 믿음이 자라는데 가장 방해되는 부분이 있다면 무엇이며 나의 가장 약한 부분은 무엇입니까? 사단은 이런 내 상태를 어떻게 파고든다고 생각하고 있나요?

웃고가요 Quiz~^^

Q. 성경인물 중 산수를 제일 못하는 사람은?

정답 :

Lesson2 | **섬김**

2. 섬기는 자가 되라

마음열기

[공과목표]

1. 섬김의 본을 보이신 예수님에 대해 배운다.
2. 섬김의 진정한 의미를 깨닫는다.

여러분들은 위의 4명의 리더 후보 중 어떤 사람을 뽑을 건가요?
또한 그 사람을 뽑은 이유는 무엇인가요?

말씀 살피기

★ **주제말씀**을 깊이 묵상하고 아래 질문에 답을 해봅시다.

주제 말씀 |

4저녁 잡수시던 자리에서 일어나 겉옷을 벗고 수건을 가져다가 허리에 두르시고 5이에 대야에 물
을 떠서 제자들의 발을 씻으시고 그 두르신 수건으로 닦기를 시작하여 6시몬 베드로에게 이르시
니 베드로가 이르되 주여 주께서 내 발을 씻으시나이까 7예수께서 대답하여 이르시되 내가 하는
것을 네가 지금은 알지 못하나 이 후에는 알리라 8베드로가 이르되 내 발을 절대로 씻지 못하시
리이다 예수께서 대답하시되 내가 너를 씻어 주지 아니하면 네가 나와 상관이 없느니라 9시몬 베
드로가 이르되 주여 내 발뿐 아니라 손과 머리도 씻어 주옵소서 10예수께서 이르시되 이미 목욕
한 자는 발밖에 씻을 필요가 없느니라 온 몸이 깨끗하니라 너희가 깨끗하나 다는 아니니라 하시
니 11이는 자기를 팔 자가 누구인지 아심이라 그러므로 다는 깨끗하지 아니하다 하시니라 12그들
의 발을 씻으신 후에 옷을 입으시고 다시 앉아 그들에게 이르시되 내가 너희에게 행한 것을 너
희가 아느냐 13너희가 나를 선생이라 또는 주라 하니 너희 말이 옳도다 내가 그러하다 14내가 주
와 또는 선생이 되어 너희 발을 씻었으니 너희도 서로 발을 씻어 주는 것이 옳으니라 15내가 너
희에게 행한 것 같이 너희도 행하게 하려 하여 본을 보였노라(요한복음 13:4~15)

1. 예수님께서 제자들의 발을 씻기려 하실 때 베드로는 예수님께 무슨 말을 했나요?

2. 예수님께서 제자들의 발을 씻겨주지 않으시면 네가 나와 상관이 없다고 말씀하셨을 때 베드로는 어떤 반응을 보였습니까?

3. 예수님께서 제자들의 발을 씻겨주신 이유는 무엇입니까?

4. 아래의 성경경구절을 참고로 하여 괄호 안에 공통적으로 들어갈 단어를 기록해보십시오.

예수님께서는 (　　　　)받으러 오신 분이 아니라 섬기러 오신 분이다. 가장 큰 (　　　　)은 우리 죄를 사하시고 우리를 구원하시려 십자가에 달려 죽으신 일이다.

마가복음 10:43~45 | 너희 중에는 그렇지 않을지니 너희 중에 누구든지 크고자 하는 자는 너희를 섬기는 자가 되고 너희 중에 누구든지 으뜸이 되고자 하는 자는 모든 사람의 종이 되어야 하리라 인자가 온 것은 섬김을 받으려 함이 아니라 도리어 섬기려 하고 자기 목숨을 많은 사람의 대속물로 주려 함이니라

"난 내교회 리더가 될거야~!" 내 교회의 리더가 되기 위한 조건 ❷

예수님처럼 선한 목자가 되라

1. 예수님은 자신을 가리켜 선한목자라 하였습니다. 선한목자는 어떤 특징이 있습니까?

요한복음 10:11~15 | 나는 선한 목자라 나는 내 양을 알고 양도 나를 아는 것이 아버지께서 나를 아시고 내가 아버지를 아는 것 같으니 나는 양을 위하여 목숨을 버리노라

나누고 실천하기

1. 나는 섬기는 사람인가요, 아니면 섬김 받기만을 좋아하는 사람인가요? 서로 이야기를 나눠봅시다.

2. 내 주변에 그리스도의 사랑으로 섬겨야할 사람은 누구인가요? 그 사람들을 어떻게 섬겨야 옳은 것인가요?

웃고가요 Quiz~^^

Q. 인류 최초의 동물원은?

정답 :

Lesson3 | **합력**

3. 교회는 합력하는 공동체다

마음열기

[공과 목표]

1. 교회공동체에서 서로 합력해야 함을 이해한다.
2. 바울이 고린도에서 함께했던 믿음의 동역자들에 대해 알고 이해한다.

아무리 멀리 있어도 목소리를 듣거나 걸음걸이와 행동만 보아도 누구인지 알아챌 수 있는 사람이 있나요? 그 사람과는 어떤 관계를 맺고 있나요?

말씀 살피기

★ **주제말씀**을 깊이 묵상하고 아래 질문에 답을 해봅시다.

주제 말씀 |

1그 후에 바울이 아덴을 떠나 고린도에 이르러 2아굴라라 하는 본도에서 난 유대인 한 사람을 만
나니 글라우디오가 모든 유대인을 명하여 로마에서 떠나라 한 고로 그가 그 아내 브리스길라와
함께 이달리야로부터 새로 온지라 바울이 그들에게 가매 3생업이 같으므로 함께 살며 일을 하니
그 생업은 천막을 만드는 것이더라 4안식일마다 바울이 회당에서 강론하고 유대인과 헬라인을 권
면하니라 5실라와 디모데가 마게도냐로부터 내려오매 바울이 하나님의 말씀에 붙잡혀 유대인들
에게 예수는 그리스도라 밝히 증언하니(사도행전 18:1~5)

1. 바울은 고린도에서 브리스길라와 아굴라 부부를 만나게 되었는데, 그들과 함께 어떤 일을 하였습니까?(3절)

2. 또한 바울은 함께 협력했던 믿음의 동역자 누구누구를 만났습니까? 그들을 만남으로 어떤 일에 더 집중할 수 있었습니까?(5절)

그럼에도 불구하고 사랑하라

★ **아래 성경 말씀**을 깊이 묵상하고 질문에 답을 해봅시다.

1) 사랑하는 자들아 하나님이 이같이 우리를 사랑하셨은즉 우리도 서로 사랑하는 것이 마땅하도다(요일4:11)

2) 새 계명을 너희에게 주노니 서로 사랑하라 내가 너희를 사랑한 것 같이 너희도 서로 사랑하라 너희가 서로 사랑하면 이로써 모든 사람이 너희가 내 제자인 줄 알리라(요13:34, 35)

3) 우리는 형제를 사랑함으로 사망에서 옮겨 생명으로 들어간 줄을 알거니와 사랑하지 아니하는 자는 사망에 머물러 있느니라(요일3:14)

1. 우리가 서로 사랑해야 할 이유가 어디에 있습니까?

2. 예수님은 어떻게 사랑하라고 말씀하셨습니까?

3. 예수님의 제자가 되려면 어떻게 해야 합니까?

4. 내가 구원받았다는 사실은 무엇으로 증명할 수 있습니까?

나누고 실천하기

1. 사랑을 베푸는 삶을 삶을 살았던 위인 한 사람을 선정해보고 선정한 이유를 이야기해봅시다. 또한 그의 사랑과 희생의 삶을 이야기해봅시다.

2. 학생회 활동을 할 때 자주 트러블이 생기는 부분이 있다면 어떤 부분인가요? 반면에 함께 합력했을 때 일이 잘 진행되었던 예를 들어봅시다.

웃고가요 Quiz~^^

Q. 인류 최초로 하늘을 날은 사람은?

정답 :

Lesson4 | **본받기**

4. 예수님을 본받으라

마음열기

[공과 목표]

1. 우리의 스승되신 예수님을 닮도록 노력한다.
2. 예수님의 제자로서의 내가 감당해야 할 일이 무엇인지 배우고 실천한다.

스승의 모습을 본 제자가 그 다음 한 말은 과연 무엇이었을까요?

말씀 살피기

★ **주제말씀**을 깊이 묵상하고 아래 질문에 답을 해봅시다.

주제 말씀 |
예수께서 나아와 말씀하여 이르시되 하늘과 땅의 모든 권세를 내게 주셨으니 그러므로 너희는 가서 모든 민족을 제자로 삼아 아버지와 아들과 성령의 이름으로 세례를 베풀고 내가 너희에게 분부한 모든 것을 가르쳐 지키게 하라 볼지어다 내가 세상 끝 날까지 너희와 항상 함께 있으리라 하시니라(마태복음 28:18~20)

1. 예수님의 제자는 예수님을 (   )입니다.

고린도전서 11:1 | 내가 그리스도를 본받는 자가 된 것 같이 너희는 나를 본받는 자가 되라

2. 예수님은 어떤 자들을 제자로 삼으셨고 몇명을 세우셨습니까?

마가복음 3:13~15 | 또 산에 오르사 자기가 원하는 자들을 부르시니 나아온지라 이에 열둘을 세우셨으니 이는 자기와 함께 있게 하시고 또 보내사 전도도 하며 귀신을 내쫓는 권능도 가지게 하려 하심이러라

3. 예수님의 제자들은 어떤 일들을 감당했습니까?

마태복음 28:18~20 | 예수께서 나아와 말씀하여 이르시되 하늘과 땅의 모든 권세를 내게 주셨으니 그러므로 너희는 가서 모든 민족을 제자로 삼아 아버지와 아들과 성령의 이름으로 세례를 베풀고 내가 너희에게 분부한 모든 것을 가르쳐 지키게 하라 볼지어다 내가 세상 끝 날까지 너희와 항상 함께 있으리라 하시니라

변화받은 예수님의 제자들의 삶 살펴보기

1. 아래의 표에 빈칸을 채워보고 예수님의 제자들의 성령을 받기 전 모습과 성령을 받고 난 후의 모습을 비교해봅시다.

이름	성령받기 전의 모습	성령받은 후의 모습
나다나엘	처음 친구 빌립이 예수님을 만났다고 했을 때 대수롭지 않게 여김	브리기아, 헤라폴리스, 알메니아, 인도 등지에서 복음을 전파함
마태	마태의 직업은?(　　　　　　)	에디오피아와 바사에서 복음을 전함
시몬	유대인으로서 셀롯당(열심당원)이었고 정치적인 야심이 있었음	영국에 최초로 복음을 전함
베드로	베드로 직업은? (　　　　　　) 예수님을 세번 부인함.	십자가에 거꾸로 매달려 순교함
야고보	불같은 성격을 가졌음	헤롯왕에 의해 제자들 중에 처음으로 (　　　　　)함
요한	예수님께서 우뢰의 아들이라 부르실 만큼 불같은 성격을 지님	사랑의 사도로서 (　　　　　)과 요한 일서, 요한이서 요한삼서와 요한계시록을 기록하였다.
도마	부활하신 예수님을 눈으로 보고 손으로 만져봐야 믿겠다고 함	인도에 복음을 전함.
바울	유명한 바리새인 예수 믿는 자를 잡아 가둠	예수님을 믿고 변화받아 핍박자에서 오히려 복음을 전함. 많은 이방인교회를 세움.

나누고 실천하기

1. 교회에서, 학교에서, 가정에서 예수님의 제자로서 어떻게 행동해야 할까요? 오늘 말씀을 비추어 이야기를 나눠봅시다.

2. 나의 바른 모습이나 행동으로 친구들에게 본이 된 적이 있습니까? 주로 어떤 부분을 본받게 될까요?

웃고가요 Quiz~^^

Q. 보통 사람보다 손이 하나 더 있는 사람은?

정답 :

Lesson5 | **교회사랑1**

5. 내 교회를 사랑하자

마음열기

[공과 목표]

1. 교회는 예수님께서 친히 세우셨음을 배운다.
2. 초대교회의 모습을 살펴보고 지금 내가 다니는 내 교회를 더욱 사랑하도록 노력한다.

나의 친구, 우리 교회는 다른 친구, 다른 교회와 어떤 차이점이 있나요?

말씀 살피기

★ **주제말씀**을 깊이 묵상하고 아래 질문에 답을 해봅시다.

주제 말씀 |
13예수께서 빌립보 가이사랴 지방에 이르러 제자들에게 물어 이르시되 사람들이 인자를 누구라
하느냐 14이르되 더러는 세례 요한, 더러는 엘리야, 어떤 이는 예레미야나 선지자 중의 하나라 하
나이다 15이르시되 너희는 나를 누구라 하느냐 16시몬 베드로가 대답하여 이르되 주는 그리스도시
요 살아 계신 하나님의 아들이시니이다 17예수께서 대답하여 이르시되 바요나 시몬아 네가 복이
있도다 이를 네게 알게 한 이는 혈육이 아니요 하늘에 계신 내 아버지시니라 18또 내가 네게 이
르노니 너는 베드로라 내가 이 반석 위에 내 교회를 세우리니 음부의 권세가 이기지 못하리라 (마
태복음 16:13~18)

1. 세상 사람들이 보는 예수님과 베드로가 보는 예수님은 어떻게 다른지 이야기해봅시다.

2. 베드로의 신앙고백을 듣고 예수님은 어떤 말씀을 하셨나요?

디모데후서 3:15 | 만일 내가 지체하면 너로 하여금 하나님의 집에서 어떻게 행하여야 할지를 알게 하려 함이니 이 집은 살아 계신 하나님의 교회요 진리의 기둥과 터니라

초대교회 생활 살펴보기

★ **아래 성경 말씀**을 깊이 묵상하고 질문에 답을 해봅시다.

사람마다 두려워하는데 사도들로 말미암아 기사와 표적이 많이 나타나니 믿는 사람이 다 함께 있어 모든 물건을 서로 통용하고 또 재산과 소유를 팔아 각 사람의 필요를 따라 나눠 주며 날마다 마음을 같이하여 성전에 모이기를 힘쓰고 집에서 떡을 떼며 기쁨과 순전한 마음으로 음식을 먹고 하나님을 찬미하며 또 온 백성에게 칭송을 받으니 주께서 구원 받는 사람을 날마다 더하게 하시니라(사도행전 2:43~47)

1. 초대교회의 믿는 사람들은 어떻게 생활하였나요?(46~47절)

2. 믿는 자들의 이러한 삶을 통해 어떤 변화가 일어났나요?(47절)

나누고 실천하기

1. 우리교회의 역사를 조사하여 살짝 확인하고 넘어가봅시다.

교회명(교파)	
교회개척일	
교회 부흥과정	
우리교회의 특징	
우리교회 학생회의 특징	

2. 우리 학생회는 초대교회와 같은 나눔이 있습니까? 혹여 부족한 부분이 있다면 어떤 부분이있고 개선되어야 할 부분이 있다면 어떤 부분이 있는지 이야기해봅시다.

웃고가요 Quiz~^^

Q. 성경인물 중 장사를 제일 잘하는 사람은?

정답 :

Lesson6 | **교회사랑2**

6. 우리교회 학생회를 사랑하자

마음열기

[공과 목표]

1. 교회는 어떤 곳이며 무엇을 하는 곳인지 이해한다.
2. 내 교회와 학생회에 대해 깊이 이해하고 학생회를 사랑하도록 노력한다.

나는 어떤 재능이 있습니까? 또한 내가 우리교회에서 잘 섬길 수 있는 것은 무엇이 있는지 이야기해봅시다.

말씀 살피기

1. 교회는 누가 세우셨으며 어떤 특징이 있습니까?

마태복음 16:18 | 또 내가 네게 이르노니 너는 베드로라 내가 이 반석 위에 내 교회를 세우리니 음부의 권세가 이기지 못하리라

2. 교회는 하나님께 ______과 ______로 ______드리는 곳이다.

요한복음 4:24 | 하나님은 영이시니 예배하는 자가 영과 진리로 예배할지니라

3. 교회는 모든 _____으로 _____삼기위해 세상으로 나가는 출발지다.

마태복음 28:19~20 | 예수께서 나아와 말씀하여 이르시되 하늘과 땅의 모든 권세를 내게 주셨으니 그러므로 너희는 가서 모든 민족을 제자로 삼아 아버지와 아들과 성령의 이름으로 세례를 베풀고 내가 너희에게 분부한 모든 것을 가르쳐 지키게 하라 볼지어다 내가 세상 끝날까지 너희와 항상 함께 있으리라 하시니라

우리교회 학생회 살펴보기

[우리 학생회의 특징]

1. 올해 학생회 비전	
2. 올해 학생회 목표	
3. 올해 학생회 주요행사	
4. 우리 학생회 특징 (장단점)	
5. 우리 학생회에서 내가 감당할 일	

나누고 실천하기

1. 우리교회의 학생회를 섬기고 있는 사람들이 누구인지 알고 있나요? 그 친구들에게 오늘 격려와 사랑의 말 한마디를 건네봅시다.

2. 현재 교회 학생회에 필요한 여러가지 요소 중 내가 가장 잘 섬기고 헌신할 수 있는 것이 있다면 무엇인지 이야기해봅시다.

웃고가요 Quiz~^^

Q. 성경인물 중 장사를 제일 못하는 사람은?

정답 :

Lesson7 | 용서1

7. 끊임없이 용서하라

마음열기

[공과 목표]

1. 진정한 용서란 무엇인지 배운다.
2. 리더로 성장하기 위해 용서의 마음을 더욱 가질 수 있도록 노력한다.

오래참기 달인대회가 열린다면 내가 도전해볼만한 분야는 무엇인가요?

말씀 살피기

★ **주제말씀**을 깊이 묵상하고 아래 질문에 답을 해봅시다.

주제 말씀 |
1그리스도 예수를 위하여 갇힌 자 된 바울과 및 형제 디모데는 우리의 사랑을 받는 자요 동역자
인 빌레몬과 2자매 압비아와 우리와 함께 병사 된 아킵보와 네 집에 있는 교회에 편지하노니 3하
나님 우리 아버지와 주 예수 그리스도로부터 은혜와 평강이 너희에게 있을지어다 4내가 항상 내
하나님께 감사하고 기도할 때에 너를 말함은 5주 예수와 및 모든 성도에 대한 네 사랑과 믿음이
있음을 들음이니 6이로써 네 믿음의 교제가 우리 가운데 있는 선을 알게 하고 그리스도께 이르
도록 역사하느니라 7형제여 성도들의 마음이 너로 말미암아 평안함을 얻었으니 내가 너의 사랑
으로 많은 기쁨과 위로를 받았노라 8이러므로 내가 그리스도 안에서 아주 담대하게 네게 마땅한
일로 명할 수도 있으나 9도리어 사랑으로써 간구하노라 나이가 많은 나 바울은 지금 또 예수 그
리스도를 위하여 갇힌 자 되어 10갇힌 중에서 낳은 아들 오네시모를 위하여 네게 간구하노라 11그
가 전에는 네게 무익하였으나 이제는 나와 네게 유익하므로 12네게 그를 돌려 보내노니 그는 내
심복이라 13그를 내게 머물러 있게 하여 내 복음을 위하여 갇힌 중에서 네 대신 나를 섬기게 하
고자 하나 14다만 네 승낙이 없이는 내가 아무 것도 하기를 원하지 아니하노니 이는 너의 선한
일이 억지 같이 되지 아니하고 자의로 되게 하려 함이라 15아마 그가 잠시 떠나게 된 것은 너로
하여금 그를 영원히 두게 함이리니 16이 후로는 종과 같이 대하지 아니하고 종 이상으로 곧 사랑
받는 형제로 둘 자라 내게 특별히 그러하거든 하물며 육신과 주 안에서 상관된 네게랴 17그러므
로 네가 나를 동역자로 알진대 그를 영접하기를 내게 하듯 하고 18그가 만일 네게 불의를 하였거
나 네게 빚진 것이 있으면 그것을 내 앞으로 계산하라 19나 바울이 친필로 쓰노니 내가 갚으려니
와 네가 이 외에 네 자신이 내게 빚진 것은 내가 말하지 아니하노라 20오 형제여 나로 주 안에서
너로 말미암아 기쁨을 얻게 하고 내 마음이 그리스도 안에서 평안하게 하라 21나는 네가 순종할
것을 확신하므로 네게 썼노니 네가 내가 말한 것보다 더 행할 줄을 아노라 22오직 너는 나를 위
하여 숙소를 마련하라 너희 기도로 내가 너희에게 나아갈 수 있기를 바라노라 23그리스도 예수
안에서 나와 함께 갇힌 자 에바브라와 24또한 나의 동역자 마가, 아리스다고, 데마, 누가가 문안
하느니라 25우리 주 예수 그리스도의 은혜가 너희 심령과 함께 있을지어다 (빌레몬서 1:1~25)

1. 빌레몬은 어떤 사람이었습니까? 성경말씀을 참고로 하여 괄호를 채워봅시다.(5~7절)

   빌레몬은 바울의 전도에 의해 예수님을 믿게 되었고 그는 (   )과 (   )이 있었으며 빌레몬에 의해 많은 성도들이 (   )을 얻었고 바울 자신도 빌레몬을 통해 (   )과 위로를 받았다.

2. 도망친 종 오네시모는 바울을 만나 예수를 믿게 됨으로 어떤 자로 변하였습니까?(10~12절)

3. 바울이 빌레몬에게 부탁한 내용은 무엇입니까?(16~18절)

4. 내 친구나 원수를 얼마나 용서해야 할까요?

마태복음 5:43~44 | 또 네 이웃을 사랑하고 네 원수를 미워하라 하였다는 것을 너희가 들었으나 나는 너희에게 이르노니 너희 원수를 사랑하며 너희를 박해하는 자를 위하여 기도하라

"난 내교회 리더가 될거야~!" 내 교회의 리더가 되기 위한 조건 ❼

시험을 극복하라(예수님의 세 가지 시험 살펴보기)

★ **아래 성경 말씀**을 깊이 묵상하고 질문에 답을 해봅시다.

그 때에 예수께서 성령에게 이끌리어 마귀에게 시험을 받으러 광야로 가사 사십 일을 밤낮으로 금식하신 후에 주리신지라 시험하는 자가 예수께 나아와서 이르되 네가 만일 하나님의 아들이어든 명하여 이 돌들로 떡덩이가 되게 하라 예수께서 대답하여 이르시되 기록되었으되 사람이 떡으로만 살 것이 아니요 하나님의 입으로부터 나오는 모든 말씀으로 살 것이라 하였느니라 하시니 이에 마귀가 예수를 거룩한 성으로 데려다가 성전 꼭대기에 세우고 이르되 네가 만일 하나님의 아들이어든 뛰어내리라 기록되었으되 그가 너를 위하여 그의 사자들을 명하시리니 그들이 손으로 너를 받들어 발이 돌에 부딪치지 않게 하리로다 하였느니라 예수께서 이르시되 또 기록되었으되 주 너의 하나님을 시험하지 말라 하였느니라 하시니 마귀가 또 그를 데리고 지극히 높은 산으로 가서 천하 만국과 그 영광을 보여 이르되 만일 내게 엎드려 경배하면 이 모든 것을 네게 주리라 이에 예수께서 말씀하시되 사탄아 물러가라 기록되었으되 주 너의 하나님께 경배하고 다만 그를 섬기라 하였느니라 이에 마귀는 예수를 떠나고 천사들이 나아와서 수종드니라 (마태복음 4:1~11)

1. 예수님께서 광야로 가신 이유는 무엇이고, 그때 예수님은 어떤 상태이셨나요?(마4:1~2)

2. 사단이 예수님께 한 세 가지 시험은 무엇이며 예수님께서는 어떻게 물리치셨는지 간략히 적어보고 서로 이야기해봅시다.

나누고 실천하기

1. 누군가를 용서하지 못하고 있다면 그 이유는 무엇인가요? 용서하지 못할 때 나의 마음은 어떤가요? 기쁘고 평안했나요?

2. 아직 내 마음 은밀한 곳에 용서하지 못한 사람이 있나요? 그 사람을 용서하기 위해 함께 예수님의 은혜와 사랑을 구하는 기도를 합시다.

웃고가요 Quiz~^^

Q. 세계 최장수 잠수기록 보유자는?

정답 :

Lesson8 | 용서2

8. 요셉처럼 용서하라

마음열기

[공과 목표]

1. 요셉이 형들을 용서한 내용을 살펴보고 요셉처럼 용서의 마음을 갖도록 노력한다.
2. 하나님이 원하시는 진정한 용서의 모습을 배운다.

가장 크게 싸웠던 적이 있나요? 이야기해봅시다.

말씀 살피기

★ **주제말씀**을 깊이 묵상하고 아래 질문에 답을 해봅시다.

주제 말씀 |
1요셉이 시종하는 자들 앞에서 그 정을 억제하지 못하여 소리 질러 모든 사람을 자기에게서 물러
가라 하고 그 형제들에게 자기를 알리니 그 때에 그와 함께 한 다른 사람이 없었더라 2요셉이 큰
소리로 우니 애굽 사람에게 들리며 바로의 궁중에 들리더라 3요셉이 그 형들에게 이르되 나는 요
셉이라 내 아버지께서 아직 살아 계시니이까 형들이 그 앞에서 놀라서 대답하지 못하더라 4요셉
이 형들에게 이르되 내게로 가까이 오소서 그들이 가까이 가니 이르되 나는 당신들의 아우 요셉
이니 당신들이 애굽에 판 자라 5당신들이 나를 이 곳에 팔았다고 해서 근심하지 마소서 한탄하
지 마소서 하나님이 생명을 구원하시려고 나를 당신들보다 먼저 보내셨나이다 6이 땅에 이 년 동
안 흉년이 들었으나 아직 오 년은 밭갈이도 못하고 추수도 못할지라 7하나님이 큰 구원으로 당신
들의 생명을 보존하고 당신들의 후손을 세상에 두시려고 나를 당신들보다 먼저 보내셨나니 8그
런즉 나를 이리로 보낸 이는 당신들이 아니요 하나님이시라 하나님이 나를 바로에게 아버지로
삼으시고 그 온 집의 주로 삼으시며 애굽 온 땅의 통치자로 삼으셨나이다(창세기 45:1~8)

1. 요셉은 자신을 미워하여 노예로 팔아버린 형들을 오히려 위로하고 있습니다. 형들을 어떻게 위로하고 용서하였습니까?

2. 요셉을 애굽으로 보낸 자는 결국 누구라 고백하고 있습니까? 그분은 왜 요셉을 애굽으로 보내셨고, 요셉을 애굽에서 어떤 위치까지 오르게 하셨습니까?

3. 이 내용을 볼 때, 세상의 모든 역사를 주관하시고 이끄시는 분은 누구신가요?

나를 부인하고 예수님을 따르라

빈칸을 채워봅시다.

1. 예수님의 제자라면 자기를 (   )하고 자기 (   )를 져야 한다.

누가복음 9:23 | 또 무리에게 이르시되 아무든지 나를 따라오려거든 자기를 부인하고 날마다 제 십자가를 지고 나를 따를 것이니라

2. 예수님의 제자라면 먼저 하나님(   ) 나라와 (   )를 구해야 한다.

마태복음 6:33 | 그런즉 너희는 먼저 그의 나라와 그의 의를 구하라 그리하면 이 모든 것을 너희에게 더하시리라

3. 내가 (   ) 예수가 (   ).

갈라디아서 2:20 | 내가 그리스도와 함께 십자가에 못 박혔나니 그런즉 이제는 내가 사는 것이 아니요 오직 내 안에 그리스도께서 사시는 것이라 이제 내가 육체 가운데 사는 것은 나를 사랑하사 나를 위하여 자기 자신을 버리신 하나님의 아들을 믿는 믿음 안에서 사는 것이라

나누고 실천하기

1. 내가 생각하기에 가장 용서하기 힘든 일은 무엇인지 이야기해봅시다.

2. 친구랑 다투거나, 싸웠던 적이 있습니까? 그때 상황을 이야기해보고 어떻게 해결하였는지 이야기를 나눠봅시다.

웃고가요 Quiz~^^

Q. 이 세상에서 제일 빨리 왕이 된 사람은?

정답 :

Lesson9 | 순종

9. 여호수아처럼 순종의 사람이 되라

마음열기

[공과 목표]

1. 순종이 하나님이 원하시는 리더십과 어떤 상관관계가 있는지 이해한다.
2. 순종의 의미에 대하여 배운다.

부모님과 선생님의 말씀을 듣고 실천하는데 나에게 방해가 되는 것은 무엇인가요?

말씀 살피기

★ **주제말씀**을 깊이 묵상하고 아래 질문에 답을 해봅시다.

주제 말씀 |
1여호와의 종 모세가 죽은 후에 여호와께서 모세의 수종자 눈의 아들 여호수아에게 말씀하여 이
르시되 2내 종 모세가 죽었으니 이제 너는 이 모든 백성과 더불어 일어나 이 요단을 건너 내가
그들 곧 이스라엘 자손에게 주는 그 땅으로 가라 3내가 모세에게 말한 바와 같이 너희 발바닥으
로 밟는 곳은 모두 내가 너희에게 주었노니 4곧 광야와 이 레바논에서부터 큰 강 곧 유브라데 강
까지 헷 족속의 온 땅과 또 해 지는 쪽 대해까지 너희의 영토가 되리라 5네 평생에 너를 능히 대
적할 자가 없으리니 내가 모세와 함께 있었던 것 같이 너와 함께 있을 것임이니라 내가 너를 떠
나지 아니하며 버리지 아니하리니 6강하고 담대하라 너는 내가 그들의 조상에게 맹세하여 그들
에게 주리라 한 땅을 이 백성에게 차지하게 하리라 7오직 강하고 극히 담대하여 나의 종 모세가
네게 명령한 그 율법을 다 지켜 행하고 우로나 좌로나 치우치지 말라 그리하면 어디로 가든지 형
통하리니 8이 율법책을 네 입에서 떠나지 말게 하며 주야로 그것을 묵상하여 그 안에 기록된 대
로 다 지켜 행하라 그리하면 네 길이 평탄하게 될 것이며 네가 형통하리라 9내가 네게 명령한 것
이 아니냐 강하고 담대하라 두려워하지 말며 놀라지 말라 네가 어디로 가든지 네 하나님 여호와
가 너와 함께 하느니라 하시니라(여호수아 1:1~9)

1. 하나님께서 여호수아에게 어떤 사명을 주셨습니까?(2절)

2. 하나님께서 여호수아에게 어떤 약속을 하셨나요? 세 가지를 기록해봅시다.(3~6절)

3. 여호수아가 세겜에 모인 백성들에게 마지막 고별 설교를 하였는데 여호수아는 백성들에게 어떤 권면을 하였고 어떤 다짐을 하였나요? (수 24장 14~15절)

새롭게 바뀌어야 한다

빈칸을 채워봅시다.

1. 예수님의 참 제자라면 모든 삶이 (   )안에서 새롭게 바뀌어야 한다.

고린도후서 5:17 | 그런즉 누구든지 그리스도 안에 있으면 새로운 피조물이라 이전 것은 지나갔으니 보라 새 것이 되었도다

2. 참다운 제자라면 주님께서 주신 (   )을 감당하기를 힘써야 한다.

사도행전 20:24 | 내가 달려갈 길과 주 예수께 받은 사명 곧 하나님의 은혜의 복음을 증언하는 일을 마치려 함에는 나의 생명조차 조금도 귀한 것으로 여기지 아니하노라

나누고 실천하기

1. 어느 범위까지 순종해야 할까요? 우리교회 학생회에서는 누구에게 어느 범위까지 순종해야 할지 이야기를 나눠봅시다.

2. 우리교회와 학생회에서 아름답게 순종의 본을 보인 사람이 있다면 이야기해보고 칭찬합시다.

웃고가요 Quiz~^^

Q. 신.구약은 모두 66권이다. 그렇다면 성경은 모두 몇 자일까?

정답 :

Lesson10 | **기도**

10. 히스기야의 기도를 배우라

마음열기

[공과 목표]

1. 올바른 기도생활을 하도록 습관을 들이자.
2. 언제나 우리의 기도에 신실히 응답하시는 하나님에 대해 배운다.

30년 후, 마을 이장이 된 주인공

미래로 갈 수 있는 타임머신이 개발된다면 가장 가보고 싶은 미래는 어디인가요?

말씀 살피기

★ **주제말씀**을 깊이 묵상하고 아래 질문에 답을 해봅시다.

주제 말씀 |

1그 때에 히스기야가 병들어 죽게 되매 아모스의 아들 선지자 이사야가 그에게 나아와서 그에게
이르되 여호와의 말씀이 너는 집을 정리하라 네가 죽고 살지 못하리라 하셨나이다 2히스기야가
낯을 벽으로 향하고 여호와께 기도하여 이르되 3여호와여 구하오니 내가 진실과 전심으로 주 앞
에 행하며 주께서 보시기에 선하게 행한 것을 기억하옵소서 하고 히스기야가 심히 통곡하더라 4
이사야가 성읍 가운데까지도 이르기 전에 여호와의 말씀이 그에게 임하여 이르시되 5너는 돌아
가서 내 백성의 주권자 히스기야에게 이르기를 왕의 조상 다윗의 하나님 여호와의 말씀이 내가
네 기도를 들었고 네 눈물을 보았노라 내가 너를 낫게 하리니 네가 삼 일 만에 여호와의 성전에
올라가겠고 6내가 네 날에 십오 년을 더할 것이며 내가 너와 이 성을 앗수르 왕의 손에서 구원하
고 내가 나를 위하고 또 내 종 다윗을 위하므로 이 성을 보호하리라 하셨다 하라 하셨더라 (열왕
기하 20:1~6)

1. 죽을 병에 걸린 히스기야는 하나님께 어떻게 기도를 하였나요?(2~3절)

2. 하나님께서는 어떻게 응답하셨나요?(5~6절)

예수님의 좋은 일꾼이 되라

아래 말씀을 묵상하며 질문에 답을 해봅시다.

네가 이것으로 형제를 깨우치면 그리스도 예수의 좋은 일꾼이 되어 믿음의 말씀과 네가 따르는 좋은 교훈으로 양육을 받으리라 망령되고 허탄한 신화를 버리고 경건에 이르도록 네 자신을 연단하라 육체의 연단은 약간의 유익이 있으나 경건은 범사에 유익하니 금생과 내생에 약속이 있느니라 (디모데전서 4:6~8)

1. 예수님의 좋은 일꾼이 되기 위해 무엇으로 양육 받으라고 말씀하고 있습니까?(6절)

2. 경건에 이르도록 우리 자신을 연단해야 하는 이유는 무엇입니까?(7절)

나누고 실천하기

1. 왜 하나님은 우리의 형편과 처지를 다 아시면서도 기도하라고 하셨을까요?

2. 기도가 응답된 경험이 있습니까? 있다면 서로 이야기를 나눠봅시다.

웃고가요 Quiz~^^

Q. 성경인물 중 귀가 제일 밝은 사람은?

정답 :

Lesson11 | 은사

11. 하나님이 주신 은사대로 일하라

마음열기

[공과 목표]

1. 초대교회의 집사제도가 생기게 된 과정과 이유를 안다.
2. 하나님께서 주신 은사를 올바로 사용할 수 있도록 노력한다.

다른 사람들에게 자랑할 수 있는 나의 장점은 무엇인가요?
나의 장점 3가지를 적어보고 함께 나눠봅시다.

말씀 살피기

★ **주제말씀**을 깊이 묵상하고 아래 질문에 답을 해봅시다.

주제 말씀 |
그때에 제자가 더 많아졌는데 헬라파 유대인들이 자기의 과부들이 매일의 구제에 빠지므로 히브리파 사람을 원망하니 열두 사도가 모든 제자를 불러 이르되 우리가 하나님의 말씀을 제쳐 놓고 접대를 일삼는 것이 마땅하지 아니하니 형제들아 너희 가운데서 성령과 지혜가 충만하여 칭찬받는 사람 일곱을 택하라 우리가 이 일을 그들에게 맡기고 우리는 오로지 기도하는 일과 말씀 사역에 힘쓰리라 하니 (사도행전 6:1~4)

1. 초대교회 내에 집사제도를 두게 된 이유는 무엇인가요?

2. 사도들과 일곱 집사의 사역은 어떻게 구분되었습니까?

3. 은사는 하나님이 주신 (　　　　)대로 각각 다르다.

로마서 12:6~8 | 우리에게 주신 은혜대로 받은 은사가 각각 다르니 혹 예언이면 믿음의 분수대로, 혹 섬기는 일이면 섬기는 일로, 혹 가르치는 자면 가르치는 일로, 혹 위로하는 자면 위로하는 일로, 구제하는 자는 성실함으로, 다스리는 자는 부지런함으로, 긍휼을 베푸는 자는 즐거움으로 할 것이니라

"난 내교회 리더가 될거야~!" 내 교회의 리더가 되기 위한 조건 ⑪

빛과 소금의 역할을 감당하라

아래의 말씀을 묵상하며 질문에 답해봅시다.

너희는 세상의 소금이니 소금이 만일 그 맛을 잃으면 무엇으로 짜게 하리요 후에는 아무 쓸 데 없어 다만 밖에 버려져 사람에게 밟힐 뿐이니라 너희는 세상의 빛이라 산 위에 있는 동네가 숨겨지지 못할 것이요 사람이 등불을 켜서 말 아래에 두지 아니하고 등경 위에 두나니 이러므로 집 안 모든 사람에게 비치느니라 이같이 너희 빛이 사람 앞에 비치게 하여 그들로 너희 착한 행실을 보고 하늘에 계신 너희 아버지께 영광을 돌리게 하라 (마태복음 5:13~16)

1. 빛과 소금의 역할을 감당하라는 것은 어떤 의미인지 이야기해봅시다.

2. 내 믿음의 행동이 왜 중요하다고 생각하는지 이야기해봅시다.

나누고 실천하기

1. 우리 교회와 학생회를 생각해봅시다. 가장 필요한 것이 무엇입니까? 또한 가장 중요한 역할은 무엇입니까? 이야기를 나눠봅시다.

2. 나는 교회에서 어떤 역할을 감당하는 것이 현명할까요? 이야기를 나눠봅시다.

웃고가요 Quiz~^^

Q. 성경인물 중 시험을 가장 잘 보는 사람은?

정답 :

Lesson12 | **소명**

12. 적극적인 소명을 가지라

마음열기

[공과 목표]

1. 갈렙이 헤브론 땅을 달라고 요청한 이유를 바로 이해한다.
2. 하나님께서 주신 소명을 어떻게 발견하고 감당해야 할지 생각하고 노력한다.

실제로 지키지 않고 말하는 것에 그치기 쉬운 약속은 무엇인가요?
혹시 말만하고 지키지 않은 적은 없나요?

말씀 살피기

★ **주제말씀**을 깊이 묵상하고 아래 질문에 답을 해봅시다.

주제 말씀 |
6그 때에 유다 자손이 길갈에 있는 여호수아에게 나아오고 그니스 사람 여분네의 아들 갈렙이 여
호수아에게 말하되 여호와께서 가데스 바네아에서 나와 당신에게 대하여 하나님의 사람 모세에
게 이르신 일을 당신이 아시는 바라 7내 나이 사십 세에 여호와의 종 모세가 가데스 바네아에서
나를 보내어 이 땅을 정탐하게 하였으므로 내가 성실한 마음으로 그에게 보고하였고 8나와 함께
올라갔던 내 형제들은 백성의 간담을 녹게 하였으나 나는 내 하나님 여호와께 충성하였으므로 9
그 날에 모세가 맹세하여 이르되 네가 내 하나님 여호와께 충성하였은즉 네 발로 밟는 땅은 영
원히 너와 네 자손의 기업이 되리라 하였나이다 10이제 보소서 여호와께서 이 말씀을 모세에게
이르신 때로부터 이스라엘이 광야에서 방황한 이 사십오 년 동안을 여호와께서 말씀하신 대로
나를 생존하게 하셨나이다 오늘 내가 팔십오 세로되 11모세가 나를 보내던 날과 같이 오늘도 내
가 여전히 강건하니 내 힘이 그 때나 지금이나 같아서 싸움에나 출입에 감당할 수 있으니 12그 날
에 여호와께서 말씀하신 이 산지를 지금 내게 주소서 당신도 그 날에 들으셨거니와 그 곳에는 아
낙 사람이 있고 그 성읍들은 크고 견고할지라도 여호와께서 나와 함께 하시면 내가 여호와께서
말씀하신 대로 그들을 쫓아내리이다 하니 13여호수아가 여분네의 아들 갈렙을 위하여 축복하고
헤브론을 그에게 주어 기업을 삼게 하매 14헤브론이 그니스 사람 여분네의 아들 갈렙의 기업이
되어 오늘까지 이르렀으니 이는 그가 이스라엘의 하나님 여호와를 온전히 좇았음이라 (여호수아
14:6~14)

1. 갈렙은 여호수아에게 어떤 근거로 헤브론 땅을 달라고 말하였습니까?(9~10절)

2. 나이가 많은 갈렙은 여호수아에게 지금 자신이 어떤 상태라고 말하고 있나요?(11~12절)

3. 선지자 이사야는 하나님의 부르심에 어떻게 답변하였습니까?

이사야 6:8 | 내가 또 주의 목소리를 들으니 주께서 이르시되 내가 누구를 보내며 누가 우리를 위하여 갈꼬 하시니 그 때에 내가 이르되 내가 여기 있나이다 나를 보내소서 하였더니

하나님의 선한 청지기가 되라

아래 말씀을 묵상하며 질문에 답을 해 봅시다.

주께서 이르시되 지혜 있고 진실한 청지기가 되어 주인에게 그 집 종들을 맡아 때를 따라 양식을 나누어 줄 자가 누구냐 주인이 이를 때에 그 종이 그렇게 하는 것을 보면 그 종은 복이 있으리로다 내가 참으로 너희에게 이르노니 주인이 그 모든 소유를 그에게 맡기리라 만일 그 종이 마음에 생각하기를 주인이 더디 오리라 하여 남녀 종들을 때리며 먹고 마시고 취하게 되면 생각하지 않은 날 알지 못하는 시각에 그 종의 주인이 이르러 엄히 때리고 신실하지 아니한 자의 받는 벌에 처하리니 주인의 뜻을 알고도 준비하지 아니하고 그 뜻대로 행하지 아니한 종은 많이 맞을 것이요 알지 못하고 맞을 일을 행한 종은 적게 맞으리라 무릇 많이 받은 자에게는 많이 요구할 것이요 많이 맡은 자에게는 많이 달라 할 것이니라 (누가복음 12:42~48)

1. 청지기는 (　　　　　　)의 소유물을 지키고 (　　　　　　)하는 자이다(44절).

2. 청지기는 어떻게 준비하고 행동해야 하는가?(47절)

나누고 실천하기

1. 하나님께서 나에게 주신 소명은 무엇인가요? 친구들과 서로 나눠봅시다.

2. 소명을 위해 내가 노력해야 할 것과 버려야 할 것은 무엇인지 함께 나눠봅시다.

웃고가요 Quiz~^^

Q. 성경인물 중 늘 자신을 보기를 원하는 사람은?

정답 :

"청소년 바로세우기 시리즈 커리큘럼"

Teen G3 0단계 1~4권(1년차 52주과정)
1권 믿음생활 시작하기 Start! (믿음의 기초 이해하기)
2권 복음의 기초 다지기 Start! (죄와 구원)
3권 믿음의 습관 길들이기 Start! (다양한 관계 속에서 믿음생활)
4권 성경인물 따라하기 Start! (믿음생활을 배우고 삶 속에 적용하는 과정)
총 4권 48과로 1년동안 배울 수 있도록 기획하였습니다.

Teen G3 1, 2단계 [복음+전도](2년차 1/4주과정 12주)
1권 "친구야 기쁜소식을 전해줄께" Start!(복음을 알고 복음을 전하자)

Teen G3 3, 4단계 [양육+리더](2년차 2/4주과정 12주)
2권 "난 내교회 리더가 될꺼야 "Start!(복음을 알고 복음을 전하자)

*시리즈는 계속 출간됩니다.

Teen G3 0단계 1권 믿음생활 시작하기

단계	제목(주제말씀)	배울내용	스토리텔링	핵심성경구절
0단계 1권	1. 내가 살아가는 이유? (창1:26~28)	삶의 목적	베드로를 부르시는 예수님	고전10:31, 사43:7
	2. 교회는 왜 다녀야 하나요? (마16:16~18)	교회	베드로의 신앙고백	요4:24, 시50:23
	3. 성경은 어떤 책인가요? (딤3:16~17)	성경	내 양을 먹이라	눅24:27, 고후13:3
	4. 예배는 왜 드려야 하나요? (요4:24)	예배1	아브라함의 순종	시57:17, 요4:24, 시50:23
	5. 예배는 어떻게 드려야 하나요? (롬12:1)	예배2	나아만장군 이야기	롬12:1, 신4:15~19
	6. 안식일이 왜 주일이 되었나요? (눅24:1~3)	주일의미	다니엘의 믿음	요20:19, 신5:13~14, 호6:6
	7. 주일은 하나님께 구별하여 드리는 날이에요(창2:3)	주일성수	엘리야의 기적	창2:3, 사58:13
	8. 하나님은 어떤 분이신가요? (요일4:8)	하나님	말라기 선지자이야기	창6:6~7, 출3:14, 시90:2
	9. 예수님은 누구신가요? (빌2:6~8)	예수님	앉은뱅이를 일으킨 능력	요1:1, 요20:31, 눅5:32
	10. 성령님은 누구신가요? (행1:8)	성령님1	오순절 성령강림사건	행1:8, 고전12:11, 요3:5~8
	11. 성령님은 어떤 일을 하시나요? (요14:26)	성령님2	바울의 동역자들	롬8:11, 요16:13, 요3:5
	12. 우리가 죄인인가요? (요일3:4)	죄	눈물로 회개한 다윗왕	신8:1, 신29:9, 롬14:23

Teen G3 0단계 2권 복음의 기초 다지기

단계	제목(주제말씀)	배울내용	스토리텔링	핵심성경구절
0단계 2권	1. 내가 할 수 없는 것 (롬3:23~24)	인간	부활하신 예수님	잠27:1, 전3:11, 요14:6
	2. 원죄란 무엇인가요? (창2:16~17)	죄문제1	요나 이야기	롬5:19, 약4:17, 창3:5~6
	3. 아담의 죄가 왜 우리의 죄가 되었나요? (롬5:12)	죄문제2	노아의 홍수	행17:26, 롬5:18~19, 창3:17
	4. 죄로인해 우리는 어떻게 변질되었나요? (롬3:23)	죄문제3	구원받은 삭개오	롬1:21~23, 히9:27, 롬6:23
	5. 예수님, 회개합니다 (행2:37~38)	회개	위로의 아들 바나바	롬5:12, 사1:18, 행2:37
	6. 예수님을 소개합니다 (마16:16)	예수님1	예수님의 탄생 이야기	마16:16, 마1:16, 요20:31
	7. 예수님은 왜 이 땅에 오셨나요?(요3:16)	예수님2	베드로의 신앙고백	눅5:32, 마20:28, 롬10:19
	8. 예수님의 핵심 다섯가지 (빌2:5~11)	예수님3	제자들의 발을 씻겨주신 예수님	마1:23, 롬3:25~26 행1:8~9
	9. 예수님의 능력 (요11:25~26)	예수님4	요한과 야고보 이야기	눅8:24, 요11:25~26
	10. 구원받는 방법 (롬10:9~10)	구원	부자와 나사로 이야기	히10:25, 히4:12, 마7:7~8
	11. 예수 믿게된 것은 대박이다 (행2:42~47)	거듭남	백부장의 믿음	요1:12~13, 고후5:17
	12. 교회에서 신앙생활하는 방법(엡1:22~23)	신앙생활	바울과 바나바 이야기	엡5:29~30, 엡1:23, 행2:42~47

Teen G3 0단계 3권 믿음의 습관 길들이기

단계	제목(주제말씀)	배울내용	스토리텔링	핵심성경구절
0단계 3권	1. 믿음은 행동이야~ (마5:13~16)	믿음이란	바울의 믿음	히11:1~2, 롬10:17, 약2:26
	2. 말씀읽기부터 시작하자 (요20:30~31)	말씀읽는습관	사단의 세가지 시험	신17:19, 계1:3, 시1:2~3
	3. 밥먹을때만 기도하지마 (약1:6~7)	기도하는습관	한나의 기도	요일5:14, 시66:18~20 눅18:11~13
	4. 전도는 즐거운 일이야~ (마28:18~20)	전도하는습관	사울의 회심	딤전2:4, 눅15:7, 마28:18~20, 행1:8
	5. 입술에 파수꾼을 세우라 (약3:2)	바른언어사용 습관	솔로몬의 지혜	약3:5~12, 마15:11, 잠18:21
	6. 말씀따라 행동하자 (골3:23~24)	말씀따라 행동하는 습관	선한 사마리아인	신28:1~6, 골3:23~24, 빌2:3~4, 벧전4:10
	7. 하나님의 영광을 위해 하라 (고전10:31)	하나님 목적위해 사는 습관	스데반의 순교	잠9:10, 고전10:31, 잠3:1~4
	8. 상대적 빈곤감을 극복하라 (벧전3:3~4)	비교의식 버리는 습관	예수님의 산상설교	삼상16:7, 전1:2~3, 눅18:24~27
	9. 우리는 제품이 아니라 작품이다(창2:7)	자존감회복하기	점치는 여종을 고쳐준 바울	창1:27~28, 사41:10, 시121:1
	10. 현대의 영적 드라빔, 스마트폰 (창35:1~5)	스마트폰 길들이기1	놋뱀을 바라본 자들	창35:1~5, 창31:19
	11. 스마트폰 중독현상을 극복하라 (엡4:22~24)	스마트폰 길들이기2	발람 선지자 이야기	엡4:22~24, 약4:7 고전6:9~10
	12. 이단을 경계하라 (갈1:7)	이단 바로 알고 경계하기	루스드라에서의 전도	딛3:10, 갈1:7

Teen G3 0단계 4권 성경인물 따라하기

단계	제목(주제말씀)	배울내용	그것이 알고싶다
0단계 4권	1. 가인과 아벨의 제사vs아나니아와 삽비라심판(창4:1~10, 행5:1~11)	온전한예배, 하나님께 정직함	한경직 목사님 이야기1
	2. 노아의 순종 vs 사도 요한의 인내(창6:1~8, 계 22:18~21)	순종과 인내	한경직 목사님 이야기2
	3. 욥의 시험 vs 예수님의 시험(욥 1:1, 마 4:1~11)	시험극복의 지혜	한경직 목사님 이야기3
	4. 아브라함의 믿음 vs 백부장의 믿음(창 12:1~4, 눅 7:1~11)	하나님께 맡기는 믿음	한경직 목사님 이야기4
	5. 야곱 vs 수로보니게 여인의 믿음(창 32:22~28, 마15:21~28)	포기하지 않는 믿음	언더우드 선교사 이야기1
	6. 요셉의 용서 vs 삭개오의 회개(창 45:1~5, 눅 19:1~10)	용서와 회개	언더우드 선교사 이야기2
	7. 모세 vs 야고보와 요한의 어머니(출 4:10~17, 마 20:20~28)	믿음의 리더십	언더우드 선교사 이야기3
	8. 여호수아의 믿음 vs 바울의 믿음(수 1:1~9, 행 13:44~52)	두려움 버리고 말씀의지하기	언더우드 선교사 이야기4
	9. 라합의 믿음 vs 과부의 두렙돈(수 2:1~11, 눅 21:1~4)	믿음과 온전한 정성	손양원 목사님 이야기1
	10. 다윗의 회개 vs 음행한 여인의 용서(시 51:1~12, 요 8:1~11)	회개의 방법	손양원 목사님 이야기2
	11. 엘리야의 믿음 vs 바울과 실라의 믿음(왕상18:36~40, 행16:25~34)	믿음은 기적을 일으킨다	손양원 목사님 이야기3
	12. 믿음의 좋은 습관에 길들여지자(눅22:39~41)	믿음의 습관	손양원 목사님 이야기4

Teen G3 1, 2단계(복음+전도) 친구야 기쁜소식을 전해줄께

단계	제목(주제말씀)	배울내용	12제자 살펴보기	핵심성경구절
1 2단계 1권 복음+전도	1. 나는 그리스도인인가?(행11:25~26)	그리스도인	사랑의 전달자 안드레	마4:17, 롬10:9, 막10:21
	2. 내게 가장 기쁜소식 (막1:1, 롬1:2)	복음1	관계전도의 대표주자 빌립	막1:1, 롬1:2
	3. 세상에서 가장 큰 능력 (롬1:16~17)	복음2	편견을 벗어버린 나다나엘	롬1:14~15, 행20:24
	4. 드러난 비밀? (롬16:25~26)	복음3	복음을 글로 기록한 마태	갈1:11~12, 막2:13~17
	5. 참된 복음과 거짓 복음(막16:15~16)	복음4	과격한 혁명가였던 시몬	고전9:14~17, 갈1:7~8
	6. 바리새인과 세리의 기도 (눅18:10~14)	복음과 율법과의 관계	작지만 작지않은 제자 야고보	갈3:23~27, 눅18:10~14
	7. 복음을 전하는 것이 전도다!(요4:28~30)	전도1	사랑스러운 제자 다대오	골1:23~25, 요14:22~23
	8. 세상에서 가장 중요한 일 (요21:15~18)	전도2	예수님을 배반한 제자 가룟유다	행1:8, 마28:18~20
	9. 내 친구를 교회로 데려오자 (요1:45~46)	전도3	예수님의 수제자 베드로	요3:16, 눅19:10
	10. 전도자 빌립의 전도 (행8:26~40)	전도4	첫번째 순교의 열매 야고보	막16:17~18, 막10:35~38
	11. 전도하는 것은 부끄러운 일이 아니야! (롬1:16)	전도5	사랑의 메신저로 변화된 요한	골4:3, 롬1:16, 요4:39 막5:19
	12. 친구야, 기쁜소식을 전하고 싶어(롬10:9~10)	전도6	의심 많았던 제자 도마	롬10:9~10, 요20:27~29

Teen G3 3, 4단계(양육+리더) 난 내교회 리더가 될꺼야

단계	제목(주제말씀)	배울내용	리더의 조건
0단계 3권	1. 믿음으로 자라자 (엡4:14~15)	양육	리더 리더십이란 무엇인가?
	2. 섬기는 자가되라 (요13:4~15)	섬김	예수님처럼 선한 목자가 되라
	3. 교회는 합력하는 공동체다(행18:1~5)	합력	그럼에도 불구하고 사랑하라
	4. 예수님을 본받으라~ (마28:18~20)	본받기	변화받은 예수님의 제자의 삶 살펴보기
	5. 내 교회를 사랑하자 (마16:13~18)	교회사랑1	초대교회 생활 살펴보기
	6. 우리 교회 학생회를 사랑하자 (마16:18)	교회사랑2	우리 교회 학생회 살펴보기
	7. 끊임없이 용서하라 (몬:1:1~25l)	용서1	시험을 극복하라(예수님의 세가지 시험살펴보기)
	8. 요셉처럼 용서하라 (창45:1~8)	용서2	나를 부인하고 예수님을 따르라
	9. 여호수아처럼 순종의 사람이되라(수1:1~9)	순종	새롭게 바뀌어야 한다
	10. 히스기야 기도를 배우라 (왕하20:1~6)	기도	예수님의 좋은 일꾼이 되라
	11. 하나님이 주신 은사대로 일하라(행6:1~4)	은사	빛과 소금의 역할을 감당하라
	12. 적극적인 소명을 가지라(수14:6~14)	소명	하나님의 선한 청지기가 되라

정신일 목사

정신일 목사는 오랫동안 청소년과 청년 사역을 통해 젊은이들과 호흡해 온 목회자이다. 하나님이 주신 아름다운 감성으로 대학시절 집필한 〈메시아전쟁〉 이라는 단편이 일간스포츠에서 주관한 대중문학상에 입상한 바가 있고, 대학 졸업 후에는 영화 전문잡지 취재기자로, 기독교계통 신문의 칼럼리스트로 활동하기도 했다. 또한 대한예수교 장로회(대신) 여름성경학교 집필위원으로 3년간 교재를 집필하기도 했다.

현재는 크리스천리더출판사와 크리스천리더학교의 대표이며 기쁨의 교회 (joy1.co.kr)를 개척하여 즐겁게 목회하는 개척교회 목사이기도 하다.

안양대학교 기독교 교육학을 전공하였고, 동 대학원에서 목회학(M. Div.) 성경학(Th.M)을 전공했다.

주요저서: 「여호수아처럼 뛰어라」, 「수험생 100일 큐티」, 「수능큐티」, 「복음큐티」, 「나를 위한 값진 십자가」, 「파워포인트와 그림 시청각설교 시리즈」 등 총 20여종의 저서가 있다.